JN037296

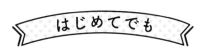
はじめてでも

失敗しない絶対おいしい！

おうちパン
教室

吉永麻衣子

主婦の友社

私は「忙しいママでも毎日焼けるくらい簡単なパン作りを!」と活動してきました。たくさんのレシピを作り、それを一人でも多くのかたにお伝えしたいと、メディアでの活動をはじめ、全国にいる「おうちパンマスター」という仲間と「おうちパン講座」を開催しています。

　そのなかで、たくさんのかたがたとの出会いがありました。
「自分がパンを焼くなんて思わなかった!　ちょっとできるママみたいでうれしい!」と喜んでくださるかた、「これまで私がやってきためんどうなパン作りの時間を返して〜!」と笑うかた、「もっと早く知りたかった!　娘にも教えたいです!」と言ってくださるかたなど、本当にうれしいメッセージをたくさんいただきました。

　パン作りというと「時間がかかる」「重労働」「発酵って何?」「材料や道具を全部そろえないと!」と構えてしまうかたが多いと思います。
　その気持ち、私もとてもよくわかります。なぜなら、初めてパンを習った教室の作り方はまさにそのとおりだったからです。でも、と〜ってもおいしいパンが自分の手で焼けたことに心の底から感動しました。

　私は前職で働きながらパン作りを学び、結婚して3人の男の子を出産しました。パンの世界に入ってから10年ほどになりますが、私の生活のスタイルはどんどん変わりました。そんななかで「パン作り」が趣味から日常に変わってきたのです。
「私が求めているものは、形がきれいなパンなの?　だれにほめてほしいの?　だれのために焼くの?」と考えて、必要のない部分を削ぎ落として出てきた答えは「形は武骨でもいいから安全安心な材料を自分で選んで、家でできるだけ簡単においしいパンを焼くこと」でした。
　そして、それを喜んでくれるのはいちばん大切な家族であることがわかりました。

　いま皆さんにお伝えしている「おうちパン」が、まさにその形です。
　パンは食べたらなくなってしまうけれど、大切な人の記憶にはきっと残ります。それが次の世代につながっていったら、こんなにうれしいことはないなあと思います。

本書は、そんな幸せを伝えるための、私の新たなチャレンジとなります。「パンは買うもの！」と思っているかたがはじめてパンを焼くときの参考になる本を作りました。

　これまでの本では、とにかく「簡単」に感じてもらうために、プロセス写真の点数も制限し、文字数も減らしてパッとわかりやすくまとめてきました。

　でもこの本では、これまで書ききれなかったことをていねいにお伝えしていきます。きっと、パンを焼いたことのないかたも安心してパン作りを楽しんでいただけると思います。

　また、いままで「おうちパン」を楽しんでくださっているかたには、大切なポイントの答え合わせをしていただけると思います。さらにもっとわかると、いろいろなパン作りの経験につながって、自分のものになっていきます。

「おうちパン」がごはんを炊くくらい抵抗なく、皆さんの日常にとり入れてもらえますように。

吉永麻衣子

Contents

Part 1 超基本の作り方を「切りっぱなしパン」でマスター

Part 2 基本の生地ひとつで お店みたいな 人気パンがすぐできちゃった!

Part 3 ちょっとリッチな生地でおやつパン

Part 4　ごはんみたいな食事パン

Part 5　お楽しみ編
もっと自由におうちパンチャレンジ10

「おうちパン」が

ラクちんで 絶対おいしい理由

毎日忙しい人が、おいしい焼きたてパンをおうちで簡単に作るには
どうしたらいいかを考え抜きました。それが麻衣子流「作りおきパン」。
簡単を追求したら、本物のおいしさに出会ったのです。

オーブンが
なくても
焼ける!

1 オーブントースターや フライパンでもOK

パンを焼くにはオーブンが必要では? と思うかた
も多いでしょうが、本書ではオーブンのほかにも、
オーブントースター、フライパン、魚焼きグリル
の4種の身近な調理器具で焼く方法を紹介してい
ます。気軽にトライしてみて!

こねない!
まぜるだけ!

2 準備が簡単! 台所も汚れません

パンをこねるには熟練の技が必要と思いがちです
が、本書で紹介する生地は、材料の粉類を手早く
まぜるだけで発酵する方法です。ボウルと保存容
器とゴムべら(しゃもじでもOK)があればパン
生地はできちゃいます! ふわふわにしたいなら、
よくこねるといいですよ。発酵ずみの生地の乾燥
には気をつけましょう。

冷蔵庫で
ふっくら
発酵!

3 低温でじっくり発酵
するからおいしい!

「発酵は冷蔵庫におまかせ!」が、麻衣子流「作り
おきパン」の基本。低温で8時間以上じっくり熟
成発酵させるから、温度管理も必要なく、とても
簡単で失敗もありません。成形は冷たい生地を扱
うので、生地がベタベタ手につく悩みも軽減しま
す。おうちで食べるパン作りには「冷蔵庫で作り
おきパン」が一番!

食べたいときに
いつでも
焼きたて!

4 最高に幸せな
朝ごはんをどうぞ

一度作った「作りおきパン」の生地は、冷蔵庫や冷凍
庫で保存OK。使いたい分量だけを成形して、焼くこ
とができます。だから、焼きたてパンのあるリッチな
朝食が実現します。切りっぱなしパンなら、成形も必
要なし! フライパンで目玉焼きを焼くくらいの気軽
さでパンを焼いてみてください。

基本の道具と材料

「おうちパン」を作るうえで、あると便利な道具と必要な材料を紹介します。

基本の道具

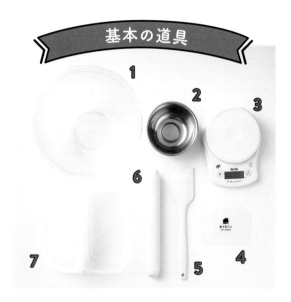

パンの成形に使う道具

1 大きめのボウル
粉類をまぜ、生地をまとめるときに使います。

2 小さめのボウル
インスタントドライイーストをとかすときは、口径10cmくらいのものが便利です。

3 キッチンスケール
材料の計量に用います。1g単位のものでOK。

4 カード
生地を切るときにあると便利。ない場合は包丁で代用しましょう。

5 ゴムべら
生地をまぜるときに使います。なければ、しゃもじでもOK。

6 めん棒
生地をのばすときに使います。

7 保存容器（800ml）
パン生地を冷蔵庫で発酵させるときにふたをして使います。100円ショップのものでOK。

1 ステンレスの定規
生地サイズの計測用。ステンレスのものが洗えて便利です。

2 クープナイフ
生地にクープを入れるときに使います。

3 ピザカッター
生地を切るときに使います。

4 キッチンばさみ
エピに切り込みを入れるときなどに使います。そのほか食材を切るときにも。

5 シャワーキャップ
生地を発酵させるときにボウルや型にふんわりかけると、乾燥を防げます。

ゴムべらがなければ
しゃもじを使ってみて。
パン生地作りには
身近な道具があれば十分！

生地の材料を用意するときは
Ⓐ:粉類、Ⓑ:仕込み水、Ⓒ:油脂の
3点セットを覚えておきましょう。
甘生地やデニッシュ生地の場合は
Ⓑに卵を加えます。またⒷは牛
乳のかわりにヨーグルトや豆
乳を入れる場合もあります

基本の材料

Ⓒ 油脂

Ⓐ 粉類

Ⓑ 仕込み水

1 強力粉
グルテンが多く含まれる強力粉を使用します。打ち粉をするときにも使います。

2 塩
塩は生地を引き締め、おいしさを引き出します。ゲランドなどの自然塩や質のよい塩を使いましょう。

3 砂糖
本書ではきび砂糖を使っていますが、好みのものでOK。生地を発酵させたり、甘みを出すときに使います。

4 インスタントドライイースト
生地の発酵に必要な酵母。新しいものを使い、開封したら冷凍庫で保存しましょう。

5 牛乳
焼き色がついて、風味のいいパンに仕上がります（豆乳におきかえOK）。

6 水
強力粉のグルテンを引き出すのに使います。

7 バター
油脂を加えることで生地のまとまりがよくなり、風味もアップします。加塩バターでも食塩不使用バターでも好みで。

本書の使い方

●本書で使用している強力粉は、スーパーで一般的に販売されている外国産小麦です。国産小麦を使う場合は、たんぱく質（グルテン）の割合が低いため、仕上がりに差が出ることがあります（下記参照）。
●インスタントイーストはドライイーストを使っています。
●砂糖はきび砂糖、塩はゲランドの塩を使っています。好みのもので大丈夫です。卵はMサイズを使っています。
●バターは加塩バターを使っていますが、食塩不使用バターでも代用できます。
●パンの焼き時間は目安です。パンを焼く機器は、電気オーブン、オーブントースター、魚焼きグリル、フライパンを使用しています。それぞれのレシピにより、おすすめの機器をレシピ内で紹介しています。お使いの製品により焼き時間に差が出ることもありますので、様子を見ながらかげんしてください。
●魚焼きグリルは、両面焼きタイプでの焼き時間を紹介しています。片面焼きタイプの場合、指定の時間で焼いたあと、上下を返して様子を見ながらさらに2〜3分焼いてください。
●フライパンはフッ素樹脂加工のものをふたをして使用しています。鉄製を使う場合は表面加工をしてある、または薄く油を塗ったアルミホイルを敷いて焼いてください。天板にアルミホイルを敷くときも同様にしてください。
●魚焼きグリルやオーブントースターで焼く場合、火元が近いため焦げそうであれば、途中でアルミホイルをかぶせてください。
●オーブンは焼く前に必ず予熱してください。
●型を使う場合は、必要なものには生地を入れる前に内側に油やバターを塗ってください。
●室温は20〜25度を想定しています。
●本書で作る生地は冷凍保存することもできます。

慣れてきたら
国産小麦でも
焼いてみて

国産小麦と外国産小麦の違い

はるゆたか、春よ恋などの国産小麦と、カメリヤ、イーグルなどの外国産小麦は何が違うのでしょうか？　ポイントは、たんぱく質（グルテン）と灰分（風味）の違いです。

国産小麦

グルテンが少なく、灰分が強い

⤋

小麦の風味が強いパンが
できるが、
ボリュームが出にくい

外国産小麦

グルテンが多く、灰分が弱い

⤋

ボリュームのあるパンが
できるが、あっさりめの
味に仕上がる

これだけ
覚えれば
OK!

Part 1

超基本の
作り方を

作りおき

「切りっぱなしパン」でマスター

超基本の

切りっぱなしパン
を作ろう

「切りっぱなしパン」は
おそらく世界でいちばん簡単な
パンレシピ。
生地はまとめる程度で、熟成は冷蔵庫におまかせ。
しかも成形も必要なし！
食べたいときに、
好きなだけ生地を切って焼けます。

材料（約45g・8個分）

A | 強力粉 … 200g
　| 塩 … 3g
　| 砂糖 … 14g

B | 牛乳（室温にもどす）
　| … 100g
　| 水 … 40g
　| インスタントドライ
　| イースト … 2g

C | バター（室温でやわらかくする）
　| … 10g

ラップで包んで指でもんでもOK!

Step 1　基本の生地を作る

材料を合わせる

1
仕込み水に
イーストを入れる

ボウルにBの牛乳と水を入れ、イーストを広げるように振り入れて沈むまで1分ほどおく。

2
粉類を
さっとまぜる

大きめのボウルにAを入れ、ゴムべらでさっとまぜ合わせる。

3
粉類に
仕込み水を加える

初めて使う粉のときは様子を見るために9割入れて調整を

1の牛乳液に加えたイーストが完全に沈んだら、2の粉類に回し入れる。

4
**ゴムべらで
まぜる**

ゴムべらで粉っぽさがなくな
るまで手早くまぜる。

5
**生地をひとつに
まとめる**

最後は手を使って粉っぽさや
水分が残らないようにまぜ、
ひとつにまとめる。

6
**バターを
のせる**

まとめた生地に、バターをの
せる。

生地が手にくっつくのが
いやなのですが……

Answer!

生地がなじむまでは
ゴムべらやカードを使うと
便利ですよ〜

手で2〜3分こねる

7 ≫ 8 ≫ 9

ボウルを回すことで
いろいろな方向から
こねられます

バターがなじむまで
にぎり込む

手で生地をにぎるようにして
バターをしっかりなじませる。

グーパンチで
生地をこねる

生地を半分に折り、グーパン
チする。左手でボウルを回し
ながら、これをくり返す。

生地をひとつに
まとめる

バターがなじんで生地がベタ
ベタしなくなってきたら、ひ
とつにまとめる。

昔、母のパン作りは
こねたり、たたいたり
たいへんそうでした

Answer!

こねるのは2〜3分でOK。
「グーパンチごね」なら
ベタベタしないです

Step 2 発酵させる

冷蔵庫におまかせ

10 ≫ **11** ≫ **12**

冬は野菜室でもOK

保存容器に移しかえる

生地をふたのある大きめの保存容器に移しかえる（写真は20.4×12.7×高さ5.8cm、800mlのもの）。

ふたをして冷蔵庫に入れる

保存容器のふたをして冷蔵庫に入れる。

発酵した状態

庫内温度が7度の場合には、8時間ほどおくと発酵して生地が1.5～2倍にふくらむ。野菜室などで温度が高ければ発酵のスピードは少し早くなる。

Point!

保存容器に油を薄く塗っておくと、とり出しやすくなる。

発酵しているのかよくわかりません

Answer!

あまりふくらんでいなくても、8時間以上たっていたらOK！カットして焼いてくださいね

Point!

目安はこれくらい。1.5倍くらいになる。

Step 3 切る 〜 食べたい分だけカット

13 » 14 » 15

このまま
すぐ焼いてOK
↙

使用する生地を
切り分ける

生地をとり出し、カードで使用分を切り分ける。残った生地は丸め直して冷蔵庫で保存する。

好みの大きさ、
形に切る

カードで好みの大きさ、形に切る。

切った生地を天板に

オーブンシートか、表面加工してあるアルミホイルを敷いた天板に、生地を間をあけてのせる。普通のアルミホイルに薄く油を塗ってもOK。

Point!

生地をとり出す際には、生地が台にくっつかないよう打ち粉（強力粉／分量外）をしておこう。

カットするだけ? おだんごみたいに丸めなくていいの?

Answer!

はじめてさんは、パン生地をできるだけさわらずにカットするだけの「切りっぱなしパン」がうまくいきますよ!

発酵した生地はデリケート。さわりすぎと乾燥に注意!

Step 4 焼成

オーブンなしでもOK

 ## オーブントースター

天板に表面加工してあるアルミホイルを敷き、生地をのせる。予熱なし1200Wで8分焼く。生地が焦げそうならアルミホイルをかぶせて調整。

熱源が近いので、アルミホイルで焦げないようにカバー。

 ## オーブン

天板にオーブンシートを敷き、生地をのせる。予熱あり180度で15分焼く。

庫内が広く、熱の回りがいいので、ふんわりとした焼き上がり。

予熱はしっかりと。

 ## フライパン

フッ素樹脂加工のフライパンはそのまま、鉄製のフライパンはオーブンシートを敷いて生地を並べる。切りっぱなしパンはそのままでも焼けるがふわっとした仕上がりのため、ふたをしてフライパンを強火で20秒温め、火を止めて15分おく。弱火で7分、上下を返して7分焼く。

中はもちもち、外はこんがりと。フライパン焼きも本書でたくさん紹介。

 ## 魚焼きグリル

表面加工してある、または油（分量外）を薄く塗ったアルミホイルの上に生地をのせ、両面焼きは中火で4分、片面焼きは上下を返してさらに3分焼く。生地が焦げそうならアルミホイルをかぶせて調整。

火が近いので、外はパリッ、中はふんわり、ピザ（p.32）もおすすめ。

み〜んなおいしいんです！

仕上がりに差が出る
4種の焼き方

作るパンの種類や大きさに
よって、それぞれ向き・不
向きがあるので、慣れてき
たら使い分けてみて！ フ
ライパン焼きは初心者にも
おすすめ！

フライパン

ふたをすることで蒸気
がこもり、中はもちも
ち、外はこんがりと焼
き上がる。フラットな
仕上がりに。

オーブントースター

実はオールマイティ。
手軽で失敗知らず。焦
げないようにアルミホ
イルで調整するのがポ
イント。

魚焼きグリル

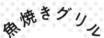

とてもおいしく焼けま
す。高温＆短時間で皮
はパリッと！ 薄めの
パンがおすすめで、特
にピザは最高！

オーブン

庫内が広く、発酵させ
ながら焼くので、ふん
わりと安定した焼き上
がりに。予熱をしっか
りするのが重要！

どうしても 早く焼きたいときは?

パン生地は冷蔵庫で8時間じっくりと
低温で発酵させたほうが
味に深みが出ておいしいですが、
ここでは、すぐ食べたいときなど
発酵時間を短縮させたいときの裏技を紹介しましょう。

POINT 1

室温で発酵させる

イーストは40度近くで最も活発になります。発酵を急ぐときは、仕上がった生地にシャワーキャップなどをかけて室温におきましょう。夏場なら30〜40分、冬場なら1時間前後で発酵完了です。発酵の目安は生地が1.5〜2倍になったらOKです。

POINT 2

ぬるま湯につける

冬場など室温が低いときは、ボウルに40度くらいの湯を張り、そこに仕上げた生地の入ったボウルを浮かべます。湯が冷めたらとりかえて、湯の温度を一定に保つようにしましょう。室温にもよりますが、発酵の目安は生地が1.5〜2倍になったらOKです。

3

保温調理器を使う

2のやり方よりさらにラクなのが、シャトルシェフなどの保温調理器を使う方法です。40度の湯を張ったら、ポリ袋に入れた生地をポンと入れるだけ。そのあとふたをして発酵させます。湯が冷めることもないので、ほったらかしにできます。

オーブンの発酵機能を使う

POINT

4

オーブンの発酵機能で温度を40度前後に設定し、生地をオーブンに入れて40〜50分発酵させます。室温の影響を受けにくいので、仕上がりが安定します。

Plus Idea!

イーストの分量を覚えておいて!

毎回インスタントドライイーストを計量するのはたいへん!と感じる場合は、2g、3gは計量スプーンでどれくらいになるかを覚えておけば、次に作るときははかりいらず。イーストが多少多くても大丈夫ですから、気負わずパン生地作りに慣れましょう。古いイーストは使わないようにしてください。イーストひとつまみを湯に入れてみて、ブクブクしてきたら新鮮な証拠です。

1回分の材料を計量した「パンキット」を作っておくと便利!

パンを焼こう!と思ったとき、忙しいと計量がめんどうと思うことがあります。基本の粉類をポリ袋に数回分はかって入れておくと、焼きたくなったときにすぐこねられます。保存は冷蔵庫で。

生地に具材をまぜるコツは「ミルフィーユ式」!

おいしいふっくらパンを作るコツは、生地をさわりすぎないこと。
p.24のパンなど、具材をまぜる場合も同様です。
ここではベタベタも解消する「ミルフィーユ式」を紹介しましょう。

1 基本の生地（p.13〜15）の工程**9**まで作業したら、具材を全体に散らす。

2 カードで2等分して重ね、上から押して平らにする。

3 さらにカードで生地を上から2等分する。工程**2〜3**をもう一度くり返す。

4 こぼれたレーズンをのせ、生地の両端を引っぱって下側で合わせる。レーズンは中に巻き込む。

5 90度回転させ、生地が張ってくるまでくり返す。

6 手の平で表面をつるんと張らせてとじ、とじ目を下にして保存容器に入れ、工程**10**の発酵（p.16）に進む。

生地から具材がはみ出ないほうがいいので
5の工程は念入りに!

冷凍作りおきパンを常備しておこう!

パン生地は、生地によって冷蔵で3〜5日保存できますが、
冷凍作りおきパンなら1カ月間、好きなときに焼きたてを楽しむことができます。
解凍してからトッピングも楽しめるので、「あっ、パンがない!」
「ゆうべパンを仕込むのを忘れた!」というときにも役立ちます。

食べたいサイズに切った切りっぱなしパンは、浅めの保存容器に生地同士がくっかないように入れて、冷凍庫に。

生地が冷凍できたら保存袋に移しましょう。庫内のスペースも有効活用できます。

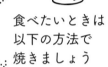

食べたいときは以下の方法で焼きましょう

●冷凍庫から出してそのまま焼く

●自然解凍し、トッピングをして焼く

●レンジで加熱して解凍し、トッピングをして焼く

●冷凍のまま油で揚げる

Plus Idea!

ラッピングでプレゼントやお出かけのおやつにも

焼き上がったパンは、冷めたら食品包装用の透明袋や、ワックスペーパーでラッピングするとぐんとカフェ気分に。プレゼントにしたり、ランチやお出かけ時のおやつとしても重宝します。

王道の6種の具材をまぜるだけ!

切りっぱなしパンで
マスターしよう

子どもたちに大人気
ホールコーン

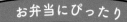

ぎっしり入れちゃおう
チョコチップ

お弁当にぴったり
ベーコン

ベーコンは
さいの目切りに
して!

材料(4個分)

基本の生地(p.13〜16)
… 半量
チョコチップ … 50g

材料(4個分)

基本の生地(p.13〜16)
… 半量
ホールコーン … 50g

材料(4個分)

基本の生地(p.13〜16)
… 半量
ベーコン … 50g

まぜ方は
22ページを
焼き方は18ページを
見てね

豆をつぶさない
ようにまぜて

カリッと香ばしい

チーズ

ひと手間でレーズンがプリッと

レーズン

和風パンも作れる!

甘納豆

材料（4個分）

基本の生地(p.13〜16)
　…半量
レーズン … 50g
　（洗ってペーパータオ
　ルでふく）

材料（4個分）

基本の生地(p.13〜16)
　…半量
チーズ（あらく刻む）
　…50g

材料（4個分）

基本の生地(p.13〜16)
　…半量
甘納豆 … 50g

スティックパン

maiko's point!

スティックパンは切りっぱなしパンの形を変えただけのアレンジですが、食べやすいので子どものおやつや軽食として不動の人気。28ページのアレンジもぜひ試してみてください

プレーン

ほうれんそう

青のり

かぼちゃ

お出かけや
部活のおともに

（プレーン）

材料（6〜7本分）

| 基本の生地（p.13〜16）… 半量

1

基本の生地をめん棒で7mm厚さにのばす。

2

カードでラフに7つに切り目を入れる。

3 分割

カードで切る。

4

天板にのせ、20分おく（仕上げ発酵）か、そのまま焼く。

> すぐに焼かずに20分おくと（仕上げ発酵）ふんわり生地に。そのまま焼いてもOK!
>
> ∥ maiko's point! ∥

5 焼く

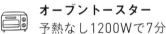
オーブントースター
予熱なし1200Wで7分

オーブン
予熱あり180度で12分

フライパン
ふたをして強火で30秒温め、火を止めて15分おき、片面7分ずつ焼く。

∥ maiko's point! ∥

> 冷蔵庫での一次発酵は熟成が目的。仕上げ発酵はふんわりとした食感を出すためにする発酵のこと

かぼちゃ

青のり

プレーン

ほうれんそう

|| maiko's point! ||

赤ちゃんの離乳食初期には
ちぎってパンがゆに。
中期以降は手に持たせて。
手づかみ食べの
練習にもぴったり！

大人には
粉チーズを振り
おつまみにも！

アレンジは自由自在

スティックパン バリエ

かぼちゃ、青のり、ほうれんそう

材料（6〜7本分）

（ 3種共通 ）

強力粉 … 100g
塩 … 1g
砂糖 … 5g
インスタントドライ
　イースト … 1g
バター … 5g

（ かぼちゃ ）

牛乳 … 60g
冷凍かぼちゃ（解凍して
　つぶす） … 30g

基本の生地（p.13〜16）
の工程1のイースト液
にかぼちゃを加えてま
ぜ、工程2以降に進む。

（ 青のり ）

牛乳 … 20g
水 … 50g
青のり … 小さじ½

基本の生地（p.13〜16）
の工程2で粉類に青の
りをまぜ、工程3以降
に進む。

（ ほうれんそう ）

牛乳 … 45g
冷凍ほうれんそう
（こまかく刻む） … 30g
粉チーズ（好みで）
　… 適量

基本の生地（p.13〜16）
の工程1のイースト液
にほうれんそうを加え
てまぜ、工程2以降に
進む。好みで粉チーズ
を振って焼く。

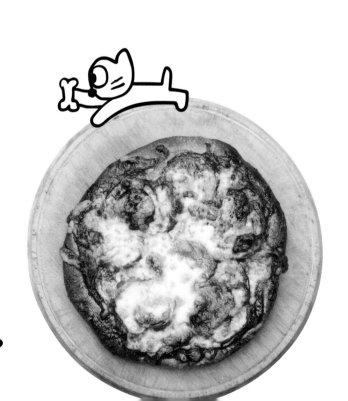

基本の生地
ひとつで

Part 2

お店
みたいな

人気パンが
すぐできちゃった！

丸パン

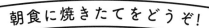

∥ maiko's point! ∥

丸パンの成形って
実はむずかしいの。
ゆっくり
仕上げ発酵※してね。

∥ maiko's point! ∥

※仕上げ発酵とは
成形後にしばらくおくこと。
生地がふっくら
焼けます

材料(8個分)

生地
基本の生地(p.13〜16参照)
　… 全量

---

1 分割

基本の生地の半量を4等分する。

maiko's point!
生地は2等分して半量ずつ成形すると乾燥を防げるのでおすすめ

2 成形

生地の切り口を上にして半分に折る。

3

中指で手前から奥に巻き込む。90度回転させて半分に折り、同様に**2**と**3**をあと3回くり返す。

4

合わせ目を上にして指でつまむ。

5 発酵

maiko's point!
1.5倍くらいになったらOK!

とじ目を下にして天板に並べ、ボウルなどでふたをして20分(寒い時期は30分)おく。残りの生地も同様にする。

6 焼く

 オーブントースター
予熱なし1200Wで7分

 オーブン
予熱あり180度で15分

ピザ

Maiko's Point!

生地が
のびにくいときは、
少し休ませてみて

Maiko's Point!

ピザは丸いって
だれが決めたの？
生地の厚さが5mmなら
どんな形でもOK

材料（2枚分）

生地
基本の生地（p.13～16参照）
… 全量

トッピング
ピーマン（薄切り）、トマト（薄切り）、サラミ、
ピザ用チーズ、トマトソース … 各適量

with these

1 分割

基本の生地の半量を、周辺を中央に
集め、指でつまんでとじる。

2

とじ目が下になるようにおく。

3 成形

めん棒で直径20cm・厚
さ5mmにのばす。

∥ maiko's point! ∥
生地は中心から
上下左右斜めに
のばしましょう

4

天板にのせ、フォークで表面にまん
べんなく穴をあける。

5

∥ maiko's point! ∥
チーズさえあれば
具材は自由！

トマトソースを薄く塗り、野菜、サ
ラミ、チーズを順にのせる。残りの
1枚も同様にする。

6 焼く

オーブントースター
予熱なし1200Wで7分

オーブン
予熱あり250度で10分

ジュワーッととけたバターがたまらない!

塩パン

∥ maiko's point! ∥

トッピングに使う塩は
岩塩がおすすめ。
中に巻くバターは
加塩にしてね

材料（4個分）

生地
基本の生地(p.13〜16参照)
… 半量

フィリング
加塩バター … 5g/1個

岩塩 … 適量

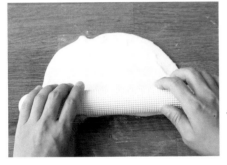

1

基本の生地をめん棒で5mm厚さの半円にのばす。

2 分割

生地が二等辺三角形になるようにカードで4等分する。

3 成形

二等辺三角形の底辺にバターを水平にのせる。

4

maiko's point!
巻き終わりに水をつけて生地同士をとめます

底辺からバターを包むように巻く。

maiko's point!
ゆるめに巻くとふんわり塩パンに

5 発酵

天板にのせ、ボウルなどでふたをして20分おき、岩塩を振る。

6 焼く

 オーブントースター
予熱なし1200Wで10分

 オーブン
予熱あり200度で13分

揚げない カレーパン

これはちょっと失敗。
しっかり包んで
仕上げ発酵させないと
カレーが
出ちゃうんです

maiko's point!

残ったカレーを使うなら
ゆでたじゃがいもなどを
足して、なべ底に
筋が引けるくらいの
かたさに調整して

材料（4個分）

生地
基本の生地(p.13〜16参照)
… 半量

フィリング
キーマカレー … 30g /1個
パン粉 … 適量
ドライパセリ … 適量

with these

1 分割

基本の生地を4等分する。切り口を上にして手で平らにする。

2 成形

めん棒でそれぞれ直径10cmの円形にのばす。

3

外側にはつけないで

生地の中央にカレーをのせる。

maiko's point!
生地の端にカレーがつくと焼いている途中で開いてしまうので注意！

4

包むときに手についたらすぐ洗って

周辺を指でつまんでとじ、丸くととのえる。→フライパンは6へ

maiko's point!
パセリは焼き上がりにも振ると色がきれいです

5 発酵

とじ目を下にして天板にのせ、ボウルなどでふたをして20分おく。表面に水をつけてパン粉を散らし、パセリを振る。

6 焼く

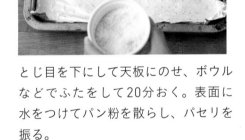

オーブントースター
予熱なし1200Wで10分

オーブン
予熱あり180度で15分

フライパン
ふたをして強火で30秒温め、火を止めて15分おき、片面7分ずつ焼く。

プロの技! でも初心者でも作りやすい!

エピ

‖ *maiko's point!* ‖

はさみの入れ方で
エピのカッコよさが
決まります!

‖ *maiko's point!* ‖

ベーコン以外に
シュガーバターや
クリームチーズたらこも
おいしい

材料（2本分）

生地
基本の生地(p.13〜16参照)
… 半量

フィリング
ベーコン … 1枚 /1個
粒マスタード … 適量 /1個

with these

1 （分割）

基本の生地を、めん棒で20cm長さの楕円形にのばし、カードで縦に2等分する。

2 （成形）

生地にベーコンをのせ、めん棒でのばす。

3

ベーコンの上に粒マスタードを塗る。

4

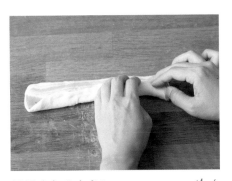

細長くなるようにベーコンを巻き込み、とじ目をつまむ。

maiko's point!

斜めに切り込みを入れることでシャープな顔のエピになります！

5 （発酵）

とじ目を下にして天板に並べ、ボウルなどでふたをして20分おき、キッチンばさみで斜めに交互に切り込みを入れる。長さは2cmが目安。

6 （焼く）

 オーブントースター
予熱なし1200Wで7分

 オーブン
予熱あり200度で15分

フライパンで焼きたてのマフィンを
イングリッシュ マフィン

maiko's point!

フライパンで
両面をこんがり焼くと
おいしい！
型もいりません

材料（4個分）

生地
基本の生地（p.13〜16参照）
　… 半量

トッピング
コーングリッツ … 適量

with these

1 分割

基本の生地を4等分する。

2 成形

生地の切り口を上にして手前から半分に折り、手前から奥に巻き込む。生地を90度回転させ、同様に3回くり返す。

3

それぞれ合わせ目を上にして指でつまむ。

4

maiko's point!
成形の失敗もなし！

コーングリッツを全体にまぶす。

5 発酵　焼く

maiko's point!
フッ素樹脂加工のフライパンがおすすめ。鉄製の場合は表面加工をしてあるアルミホイルを敷いて焼きましょう

とじ目を下にしてフライパンに並べ、ふたをして強火で30秒温め、火を止めて15分おく。

6 **フライパン**
仕上げ発酵後、ふたをして片面7分ずつ焼く。

ウインナパン
ハムチーズパン

∥ *Maiko's Point !* ∥

成形を覚えたら
ほかのトッピングも
試してみて！

∥ *Maiko's Point !* ∥

子どもに大人気です。
好みのソーセージや
ハムを選んでもらって
パン屋さんごっこが
できちゃいます

ウインナパン

材料（3個分）

生地
基本の生地（p.13〜16参照）
… 半量

トッピング
ウインナソーセージ … 1本/1個
マヨネーズ … 適量　トマトチャップ … 適量

with these

maiko's point!
生地を輪にすることで
焼くとき生地が
ふくらまず、
上の具が安定します

1

基本の生地を、めん棒で7mm厚さく
らいの長方形にのばす。

2

分割

生地をカードで縦に3等分する。

3

成形

一方の端を1cm残して縦に切り込み
を入れ、数字の3になるように開く。

4

もう一方の端同士を指でつまみ、つ
なげる。

5

生地の中央にソーセージをのせ、天
板に並べてマヨネーズ、ケチャップ
をかける。残りの生地も同様にする。

6

焼く

オーブントースター
予熱なし1200Wで10分

オーブン
予熱あり180度で15分

ハムチーズパン

材料（4個分）

生地	トッピング	
基本の生地(p.13〜16参照) … 半量	ハム … 1枚/1個	ピザ用チーズ … 7g/1個
		ドライパセリ … 適量

---

1 分割 成形

基本の生地を4等分する。切り口を上にして半分に折り、手で平らにする。

2

生地にハムをのせ、めん棒で上下左右にのばす。

3

手前からクルクル巻いてとじ目をつまむ。

4

生地の両端を半分に折って指でつまみ、反対側の曲げた部分にナイフで切り込みを入れて開く。

5 発酵

天板に並べ、ボウルなどでふたをして20分おき、チーズを散らしてパセリを振る。

6 焼く

 オーブントースター
予熱なし1200Wで10分

 オーブン
予熱あり180度で15分

+卵
+砂糖
+牛乳

Part 3

ちょっと

リッチな生地で
おやつパン

やや
上級者
向け!

甘生地で
おやつパンを作ろう

基本の甘生地の材料

A	強力粉 … 150g		B	卵 1 個＋牛乳		バター … 15g
	薄力粉 … 50g			… 合わせて140g		
	砂糖 … 20g			インスタント		
	塩 … 3g			ドライイースト		
				… 2g		

46

1

卵は分量に個体差があるので、牛乳の量を調節して140gにすればOK

ボウルに卵を割り入れ、牛乳を加えて140gにする。

2

イーストは卵にかかるととけにくくなってしまうので、牛乳に振り入れてください

イーストを振り入れる。

3

別のボウルにAを入れてよくまぜる。

4

イーストが沈んだら、2をフォークでときまぜる。

5

3に4を加える。

6

甘生地は砂糖が多めで薄力粉も入るため、ベタつきやすい生地。基本生地と比べて少し上級者向けです

ゴムべらでしっかりまぜる。

7

薄力粉を加えること、よくこねること、仕上げ発酵をしっかりすることが、ふんわり生地に仕上げるためのポイントです

グーパンチで生地をこねる。

8

バターをのせ、手でしっかりこねる。

9

maiko's point!

生地をたたきつける工程は、やや上級者向けです

生地を手のひらでぎゅっとにぎり、ボウルにたたきつけるようにして奥に折る。これを数回くり返す。

10

生地をひとつにまとめ、バター（分量外）を塗った保存容器に入れる。

11

ふたをして冷蔵庫で8時間以上おく。

12

8時間たつとこれくらいにふくらむ。

焼きたてのパンを割るとチーズがのびる！

チーズドッグ

||maiko's point!||

さけるチーズの
分量は、好みで
増減してください

||maiko's point!||

あつあつを食べると
びよ～んとのびるよ！

バンズパンで ハンバーガー

maiko's point!

一口サイズの
かわいいバーガーで
バーガーParty

チーズドッグ

材料(3個分)

生地
甘生地(p.46〜47参照)
…半量

フィリング
さけるチーズ…⅓本/1個

with these!

---

1 分割

甘生地を、長方形になるように3等分する。

2 成形

チーズをのせ、手前の生地をチーズの中央にかぶせる。

3

奥の生地も同様にかぶせる。

4

半分に折って指でつまんでとじる。
→フライパンは**6**へ

5 発酵

とじ目を下にして天板に並べ、ボウルなどでふたをして20分おく。打ち粉(分量外)をし、ナイフで横に切り目を入れる。

6 焼く

オーブントースター
予熱なし1200Wで10分

オーブン
予熱あり180度で15分

フライパン
ふたをして強火で30秒温め、火を止めて15分おき、片面9分ずつ焼く。

ハンバーガー

材料(6個分)

生地
甘生地(p.46〜47参照)
　… 半量

トッピング
トマト、レタス、
　ハンバーグ、トマト
ケチャップ … 各適量

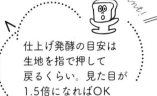

|| maiko's point! ||
仕上げ発酵の目安は
生地を指で押して
戻るくらい。見た目が
1.5倍になればOK

1 分割

甘生地を6等分する。

2 成形

切り口を上にして手前から
奥に半分に折る。

|| maiko's point! ||
形がいろいろだけど
丸い形にととのえよう

3

中指で手前から奥に巻き込む。90
度回転させて半分に折り、同様に **2**
と **3** をあと3回くり返す。

4

合わせ目を指でつまむ。
→フライパンは **6** へ

5 発酵

|| maiko's point! ||
天板を揺らして
生地が軽く浮く感じが
発酵した合図。
冬場などはもう少し
長めにおいてください

とじ目を下にして天板に並べ、ボウ
ルなどでふたをして20分おく。

6 焼く　具をはさむ

 オーブントースター
予熱なし1200Wで7分

 オーブン
予熱あり180度で12分

 フライパン
ふたをして強火で30秒温め、火
を止めて15分おき、片面7分ず
つ焼く。

メロンパン
（プレーン、チョコチップ）

maiko's point!

メロンパンの顔も
いろいろ。
工夫してみて！

大人気！
プレゼントにも
喜ばれます

材料（6個分）

パン生地
甘生地（p.46〜47参照）… 半量

クッキー生地
薄力粉 … 100g
バター（室温にもどす）… 45g
砂糖 … 45g
とき卵 … 23g
バニラオイル … 少々
チョコチップ … 適量

with these

クッキー生地を作る

1
ボウルにバターを入れ、泡立て器でクリーム状になるまでまぜ、砂糖を少しずつ加えてまぜる。

2
とき卵を少しずつ加えてまぜる。

3
バニラオイルを加えてまぜる。

4
薄力粉を加え、粉っぽさがなくなるまでゴムべらで切るようにまぜる。

5
生地をラップで包み、10cm長さの棒状に整え、冷蔵庫で30分以上冷やす。

（ 保存期間／冷蔵3日、冷凍1ヵ月 ）

パン生地を作る

6
分割
甘生地を6等分する（プレーンとチョコチップ計6個分）。

7
成形
切り口を上にして奥から手前に巻き込み、半分に折る。

8
中指で奥から手前に巻き込む。

9
合わせ目を指でつまむ。残りの生地も同様にする。

プレーンメロンパン

A | クッキー生地を成形

1

冷蔵庫から出した生地はラップをはがし、6等分に印をつける。

4 成形

ラップを広げ、パン生地の1/6量をのせる。

8 発酵

残りの2個も同様に作り、天板に並べて20分おく。

2 分割

生地を6等分し、ひとつずつラップで包んで手で平らにする。

5

上下を返してクッキー生地の1/6量をパン生地にかぶせ、端を軽く押さえてとめる。

9 焼く

オーブントースター
予熱なし
1200Wで10分。
焦げないよう途中でアルミホイルをかぶせる。

オーブン
予熱あり180度で18分

‖ maiko's point! ‖

焼き上がると砂糖がカリカリしておいしい

3

めん棒でパン生地を包めるくらいの大きさにのばす。

6

グラニュー糖（分量外）を表面にまぶす。

7

表面にカードで格子状の切り目を入れる。

チョコチップメロンパン

p.54の**A**のクッキー生地3の続き

p.54の**A**のクッキー生地3の続き

‖ maiko's point! ‖

チョコチップ
メロンパンも
簡単です

4 成形

ラップを広げ、チョコチップ
を散らす。

5

再びラップで包み、めん棒を
転がし、チョコをなじませる。

6

ラップを広げ、パン生地をの
せる。

7

上下を返してクッキー生地を
パン生地にかぶせ、端を軽く
押さえてとめる。

8 発酵

残りの2個も同様に作り、天
板に並べて20分おく。

9 焼く

 オーブントースター
予熱なし1200Wで10分。
焦げないよう途中でアルミホイ
ルをかぶせる。

 オーブン
予熱あり180度で18分

ドーナッツ
（プレーン、ココア）

‖ Maiko's Point! ‖

ドーナッツの成形に
道具は必要なし!
低温からじっくり
揚げるのがポイント!

‖ Maiko's Point! ‖

急に子どもが
友達を連れてきても
困らない大人気おやつ

材料（6個分）

生地	アイシング
甘生地（p.46〜47参照） … 半量	プレーン／粉糖 … 60g、水 … 5g ココア／ココアパウダー … 5g、粉糖 … 60g、水 … 5g ※水の量は様子を見て調整

1　分割

甘生地を6等分する。

2　成形

切り口を上にして奥から手前に巻き込み、半分に折る。中指で奥から手前に巻き込み、合わせ目を指でつまむ（p.51参照）。

3

生地を5分ほど休ませ、手のひらと生地に打ち粉（分量外）をし、中心に指で穴をあける。

4

穴に両方の人さし指を入れ、糸巻きのように指をクルクル回転させて穴を広げ、20分ほど休ませる。残りの生地も同様にする。

5　揚げる

　フライパン
室温の油に入れて、中火できつね色になるまで揚げる。途中で上下を返す。

6

あら熱がとれたら、ボウルにアイシング（水でとかした粉糖、またはさらにココアパウダーを加えたもの）を入れて、ドーナッツの上面をつける。

切りっぱなしドーナッツ

材料（8個分）

生地
甘生地（p.46〜47参照）… 半量

トッピング
きな粉 … 30g
砂糖 … 30g

1　甘生地を8等分して保存容器に並べ、冷凍庫で保存する。

2　冷凍庫からとり出し、室温の油に入れて中火にかけ、きつね色になるまで（少し長めの時間）揚げる。

3　ポリ袋にきな粉と砂糖を入れてまぜ合わせる。ドーナッツを入れ、シャカシャカと振ってまぶす。

フライパン クリームパン

‖ maiko's point! ‖

フライパン焼き
ならではの
香ばしい丸いパンに
仕上がります!

入れられそうなら
もっとクリームを
ふやしてOK

‖ maiko's point! ‖

ひと手間
かかるけれど
作ってみる
価値あり

カスタードクリームの作り方

材料(作りやすい分量)

with these

卵 … 1個
砂糖 … 50g
薄力粉 … 15g
牛乳 … 180g
バニラオイル … 適量
バター … 10g

クリームパンを作る

材料(3個分)

生地
甘生地(p.46~47参照) … 半量
フィリング
カスタードクリーム(左記参照)
　… 適量
トッピング
アーモンドスライス … 適量

1
耐熱ボウルに砂糖、薄力粉、卵を順に入れる。

2
牛乳、バニラオイルを加え、均一になるようにゴムべらでまぜる。

3
ボウルにラップをし、500Wの電子レンジで1分加熱してまぜ、バターを加える。さらに1分加熱する。

4
大きなボウルに氷水を入れ、**3**のボウルを冷やす。ラップの上に保冷剤をのせると、さらに早く冷やせる。

(保存期間／冷蔵1～2日)

---

1 分割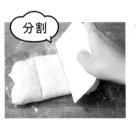
甘生地を3等分する。

2 成形
切り口を下にして手で平らにならし、中央にカスタードクリームをのせる。

3
周辺の生地を指でつまみ、クリームを包む。残りの生地も同様にする。

4
とじ目を下にしてフライパンにのせ、アーモンドスライスをハート形にのせる。

5 焼く
 フライパン
ふたをして強火で30秒温め、火を止めて15分おく(仕上げ発酵)。仕上げ発酵後、ふたをして片面10分ずつ焼く。

さつまいもパン

‖ Maiko's Point! ‖

秋にいも掘り行事で
子どもが掘ってきた
おいもで作ったら
大喜びでした

材料（4個分）

生地
甘生地(p.46〜47参照)
… 半量

トッピング
さつまいもの甘煮(刻む) … 50g /1個
いり黒ごま … 適量

with these

1 成形

甘生地をめん棒で22〜23cm長さの
長方形にのばす。

2

生地の手前半分にさつまいもの甘煮
をのせる。

3 分割

生地を半分に折り、カードで縦に4
等分の印をつけて切る。

4

両端を2cm残し、中央を切る。両端
を絞るようにねじり、端をつまんで
うず巻き状にする。残りの生地も同
様にする。→フライパンは**6**へ

5 発酵

天板にのせてごまを振り、20分ほど
おく。

6 焼く

 オーブントースター
予熱なし1200Wで7分

 オーブン
予熱あり180度で15分

 フライパン
ごまを振り、ふたをして強火で
30秒温め、火を止めて15分おき、
片面7分ずつ焼く。

バターロール

|| Maiko's Point! ||

好みでハケでとき卵か
牛乳を塗ると
仕上がりがきれいに。
卵はツヤツヤ、牛乳は
しっとりマット系に

|| Maiko's Point! ||

生地は待っている
間にゆるみます。
成形した順に
めん棒でのばして

材料（4個分）

生地
甘生地（p.46〜47参照）
　… 半量

1 分割

甘生地を長方形になるように4等分する。

2 成形

生地に打ち粉（分量外）をし、右手で生地の中央から右端に向かって転がしながら杭のような形にする。

|| maiko's point! ||

バターロールって
実はちょっと
むずかしいのです

3

5分ほどおいて生地を縦長におき、手前側を左の指2本ではさみ、めん棒で中央から奥に向けて7mm厚さにのばす。

無理にのばさず
ちょっとだけ
時間をかけて

4

奥から戻らないように押さえながら、3重くらいにクルクル巻く。残りの生地も同様にする。

5 発酵

天板にのせ、好みで表面にハケでとき卵か牛乳を塗って20分ほどおく。

あせらず
仕上げ発酵
してね

6 焼く

🍞 **オーブントースター**
予熱なし1200Wで7分

🔲 **オーブン**
予熱あり180度で15分

手軽に

バターの豊かな風味！
まるでお店みたい！

デニッシュ生地パン

市販のパイシートを使って手軽に

クロワッサン

材料（7個分）

生地
甘生地(p.46～47参照)
　… 半量
パイシート…1枚
　（10cm角）

with these

Maiko's point!

パイシート（p.90参照）を
使えばバターで作る
デニッシュ生地より
ハードルがぐんと下がります。
初心者でもクロワッサンが
焼けます！

デニッシュ生地

1

甘生地をめん棒で10×20
cmの長方形にのばし、中央
にパイシートをのせる。

4

生地の手前と奥を折って三
つ折りにして重ね、室温で
10～15分休ませる。

7

底辺が5cmの二等辺三角形
を7枚つくる。

2

観音折りにして、合わせ目
を指でつまんでとじる。

5 成形

めん棒でのばし、14×20
cmの長方形にする。

8

底辺の中央に1cmの切り込
みを入れ、両側を斜めに巻
き、そのままクルクル巻き
込む。

3

打ち粉（分量外）をし、90
度回転させてめん棒で縦長
にのばし、20×14cmの長
方形にする。

6

ピザカッターで端を切り落
とす。

9 発酵
天板にのせて20分おく。

10 焼く

 オーブントースター
予熱あり1200Wで10
分。焦げやすいので、
途中でアルミホイル
をかぶせる。

 オーブン
予熱あり200度で
15分

65

簡単！市販のチョコを巻くだけ

チョコ クロワッサン

材料（7個分）

生地

甘生地（p.46〜47参照）… 半量

パイシート … 1枚（10cm角）

板チョコレート … 2かけ/1個

p.65の工程1〜7と同様に
デニッシュ生地を作る

1  生地の底辺側に板チョコをのせる。

2  手前からクルクル巻く。

3 発酵  天板に並べて20分おく。

4 焼く

 オーブントースター
予熱あり1200Wで10分。
焦げやすいので、途中でアルミホイルをかぶせる。

 オーブン
予熱あり200度で15分

アーモンドクリームの衣をまとわせました

アーモンド クロワッサン

材料（7個分）

生地

甘生地（p.46〜47参照）… 半量

パイシート … 1枚（10cm角）

アーモンドクリーム（右記参照）… 適量

アーモンドスライス … 適量（ローストなし）

p.65の工程1〜8と同様に
デニッシュ生地を作る

1 発酵

生地にアーモンドクリームとアーモンドスライスをのせて20分おく。

2 焼く

 オーブントースター
予熱あり1200Wで10分。
焦げやすいので、途中でアルミホイルをかぶせる。

 オーブン
予熱あり200度で15分

アーモンドクリームの作り方

材料（でき上がり量約120g）

アーモンドプードル、
　砂糖、バター、とき卵 … 各30g

下準備

バターと卵は室温にもどす。
アーモンドプードルはふるう。

1

ボウルにバターをほぐし入れ、砂糖を加えてすりまぜる。とき卵を数回に分けて加え、そのつどすりまぜる。

2

アーモンドプードルを加えてよくまぜる。

（ 保存期間／冷蔵で3日 ）

67

巻いてカットするから失敗知らず

レザンブレッド

材料(6個分)

生地
甘生地(p.46〜47参照) … 半量
パイシート1枚 … (10cm角)

トッピング
カスタードクリーム(p.59参照) … 80g
レーズン … 30g

---

1  成形
p.65と同様にデニッシュ生地を作り、めん棒で25×12cmの長方形にのばす。

2
ピザカッターで端を切り落とす。

3
生地の手前側2/3にカスタードクリーム(p.59参照)を塗り、レーズンを散らす。

4
生地を手前からクルクル巻いて、合わせ目をつまむ。

5  発酵
6等分の輪切りにし、切り口を上にして天板に並べ、20分おく。

6 焼く

 オーブントースター
予熱あり1200Wで10分。
焦げやすいので、途中でアルミホイルをかぶせる。

 オーブン
予熱あり200度で15分

形を変えればこんなにキュート！

ハートブレッド

材料（8個分）

生地
甘生地（p.46〜47参照）… 半量
パイシート1枚（10cm角）

トッピング
板チョコレート … 1枚（100g）

---

1 成形

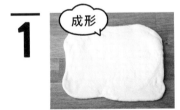

p.65と同様にデニッシュ生地を作り、めん棒で16×25cmの長方形にのばす。

2

打ち粉（分量外）をし、両端から中央に向かってクルクル巻く。

3

カードで8等分に印をつける。

4 分割

カードで切り、切り口を上にして天板に並べ、ハート形に整える。

5 発酵

そのまま20分ほどおく。

6 焼く

 オーブントースター
予熱あり1200Wで10分。
焦げやすいので、途中でアルミホイルをかぶせる。

 オーブン
予熱あり200度で15分

仕上げ 湯せんしてとかしたチョコレートに、ハートの半分につけて乾かす。

69

季節の果物の
デニッシュ

|| maiko's point! ||

仕上げのアイシングは
砂糖を水で
とかしたものを
かけるだけ！

材料（6個分）

生地
甘生地（p.46〜47参照）… 半量
パイシート … 1枚（10cm角）

トッピング
カスタードクリーム（p.59参照）
　… 15g／1個
季節の果物（マスカット、ブルーベリー、
　キウイなど）… 適量
アイシング（砂糖＋水）… 適量

with these

1

p.65と同様にデニッシュ生地を作り、打ち粉（分量外）をし、めん棒で12×18cmの長方形にのばす。

2

ピザカッターで端を切り落とす。

3

分割

カードで印をつけ、6等分する。

4

天板にのせ、フォークで空気穴をあける。

5

発酵

カスタードクリームをのせて20分ほどおく。

6

焼く

 オーブントースター
予熱あり1200Wで10分。
焦げやすいので、途中でアルミホイルをかぶせる。

 オーブン
予熱あり200度で15分

7

焼き上がったらあら熱をとり、アイシングして好みの果物をのせる。

白桃デニッシュ

Maiko's Point!

フルーツと
カスタードの
ハーモニー

材料（2個分）

生地
甘生地（p.46〜47参照）… 半量
パイシート … 1枚（10cm角）

トッピング
カスタードクリーム（p.59参照）
　… 50g/1個
白桃（シロップづけ・薄切り）
　… 4切れ/1個

1

p.65と同様にデニッシュ生地を作り、打ち粉（分量外）をして18×16cmにめん棒でのばし、端を切り落とす。

4

切り込みが上にくるように半分に折り、指でとじる。天板に並べ、とじ目をフォークで押す。

2

分割　成形

18cmの辺を2等分し、それぞれの生地の半分に切り込み（空気穴）を入れる。

5

発酵

20分おく。

3

切り込みを入れていない側にカスタードクリーム、白桃を順にのせる。

6

焼く

 オーブントースター
予熱あり1200Wで12分。
焦げやすいので、途中でアルミホイルをかぶせる。

 オーブン
予熱あり200度で20分

73

ポテトとベーコンの
デニッシュ

Maiko's point !

おかず系デニッシュは
どんなときも
大活躍！

材料（4個分）

生地
甘生地（p.46～47参照）… 半量
パイシート … 1枚（10cm角）

トッピング
ホワイトソース（市販）… 大さじ1/1個
じゃがいも（薄切り）
　… 3切れ（オリーブ油を薄く塗る）/1個
ベーコン … 2cm幅2切れ/1個
粉チーズ … 適量
ドライローズマリー … 適量

with these

1

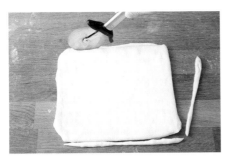

p.65と同様にデニッシュ生地を作り、打ち粉（分量外）をして18cm角にめん棒でのばし、端を切り落とす。

2 分割

カードなどで印をつけ、正方形に4等分する。

3 成形

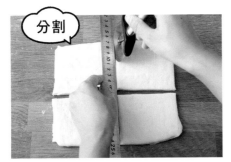

天板にのせ、一対の対角がくっつくように折り合わせ、中心を軽く押さえる。

4

生地の中央にホワイトソース、ベーコン、じゃがいも、粉チーズ、ローズマリーを順にのせる。

5 発酵

20分おく。

6 焼く

 オーブントースター
予熱あり1200Wで12分。
焦げやすいので、途中でアルミホイルをかぶせる。

 オーブン
予熱あり200度で15分

ちょっと
お勉強

パン生地の作り方「ストレート法」と「中種法」って？

本書で紹介するパン生地は、主にストレート法という作り方です。ストレート法というのは、一気に生地をこね上げる方法です。

一方、同じ材料を2回に分けてこねる方法を中種法といいます。完成までに最低2日かかるのですが、ふわふわのパンに仕上がります。焼き上がったあとの劣化が遅く、保存もききます。

ポイントは中種生地の場合、強力粉とイースト、水だけで発酵させること。この時点では塩を入れないので、酵母にとってはエサだけがある発酵しやすい最高の状態になり、グルテンがしっかりつながった生地が作れるのです！ この中種生地を、本ごね（2日目の生地を作ること）の際にまぜることで、お店のようなふっくらパンが作れます（p.102〜105参照）。

中種は生地を1日1回丸め直せば、冷蔵庫で2〜3日保存できます。2日目の生地は発酵が速いので過発酵に注意しましょう。中種生地は冷凍保存することもできます。慣れてきたらいろいろなパンに活用してみてください。

中種法の
本ごねした
生地

ストレート法
の生地

発酵後のふくらみ方の違い

Part 4

和洋の
おかずに
よく合う

ごはんみたいな
食事パン

全粒粉パン
具だくさんアヒージョ添え

Maiko's point!

粉の1/4量を
全粒粉にかえるだけで
風味のあるパンに
仕上がります

材料（12個分）

A | 強力粉 … 150g
　 | 全粒粉 … 50g
　 | 塩 … 3g
　 | 砂糖 … 10g

B | 牛乳 … 40g
　 | 水 … 100g
　 | インスタント
　 | 　ドライイースト … 2g

C | バター … 10g

全粒粉生地

基本の生地（p.13〜16）と同様に
生地を作る

1 分割

生地の半量をとり出し、6
等分する。

2 成形

切り口を上にして手前から
奥へ半分に折る。重なった
ところを手で押さえる。奥
から手前に巻き込み、半分
に折る。

3

中指で奥から手前に巻き込
む。生地を90度回転させ
て半分に折り、同様にする。
2と**3**を3回くり返す。

4

合わせ目を指でつまんでと
じる。

5 発酵

とじ目を下にして天板に並
べ、ボウルなどでふたをし
て15分おく。
残りの生地も同様にする。

6 焼く

 オーブントースター
予熱なし1200Wで
7分

 オーブン
予熱あり180度で
15分

具だくさん
アヒージョ

材料（4人分）

A | えび … 6尾
　 | シーフードミックス
　 | 　… 100g
　 | あさり（砂出しずみ）
　 | 　… 150g
　 | 赤とうがらし … 1本
　 | にんにく … 1かけ
オリーブ油 … 適量

1 なべにAを入れ、オリー
ブ油をひたひたに加える。

2 弱火にかけ、あさりの殻
があくまで加熱する。

3 塩味が足りなければ塩
（分量外）を振る。

ライ麦パン
アボカドサラダ添え

牛乳のかわりに
ヨーグルトを使って
しっとりさせます

材料（6個分）

A
- 強力粉 … 150g
- ライ麦 … 10g
- 塩 … 3g
- 砂糖 … 10g

B
- プレーンヨーグルト … 40g
- 水 … 100g
- インスタントドライイースト … 2g

ライ麦生地

with these

基本の生地（p.13〜16）と同様に生地を作る（油脂は入れない）

1 分割

生地の半量をとり出し、3等分する。

2 成形

切り口を上にして、長方形になるように手で平らにする。

3

長いほうの辺を両方向から内側に折り込む。

4

合わせ目をつまみ、細長くなるようにコロコロ転がす。

5 発酵

とじ目を下にして天板に並べ、ボウルなどでふたをして15分おく。残りの生地も同様にする。

6 焼く

 オーブントースター
予熱なし1200Wで7分

 オーブン
予熱あり180度で15分

 フライパン
ふたをして強火で30秒温め、火を止めて15分おき、片面7分ずつ焼く。

アボカドサラダ

材料（4人分）

アボカド（食べやすく切る）
… 1個
ゆで卵（食べやすく切る）
… 1個
ブロッコリー（ゆでたもの）
… 120g

A
- マヨネーズ … 大さじ2
- オリーブオイル … 大さじ1
- レモン汁 … 小さじ1
- トマトケチャップ … 大さじ1

塩、こしょう … 各適量

1 大きめのボウルにアボカドとブロッコリーを入れる。

2 Aをまぜ合わせて1にあえ、塩、こしょうで味をととのえる。

3 器に盛り、ゆで卵を飾る。

ごはんパン
豚汁添え

仕込み水にごはんをまぜて作ります！

Maiko's point!

和食に合う
もっちり食感！

ごはんの
でんぷんの
甘みもプラス

82

ごはんを入れることで、よりしっとり食感に！

ごはんあんぱん

Maiko's Point!

ギューッと押すことで
あんと生地が
密着します！

あんこが
出てしまいました。
仕上げ発酵は
ゆっくりと

ごはんパン 豚汁添え

ごはんは
つぶさない

with these!

材料(12個分)

A		B		B	
強力粉 … 200g		ごはん … 50g		ドライイースト … 2g	
砂糖 … 14g		水 … 90g		(牛乳と水でイーストを	
塩 … 3g		牛乳 … 50g		とかし、ごはんを加える)	

基本の生地(p.13~16)と同様に
生地を作る(油脂は入れない)

1 分割

生地の半量をとり出し、6
等分する。

2 成形

切り口を上にして手前から
奥に巻き込み、半分に折る。

3

生地を90度回転させ、再
び手前から奥に巻き込む。
これを3回くり返す。

4

合わせ目を指でつまんでと
じる。→フライパンは**6**へ

5 発酵

とじ目を下にして天板に並
べ、20分おく。残りの生地
も同様にする。

6 焼く

 オーブントースター
予熱なし1200Wで7分

 オーブン
予熱あり180度で15分

 フライパン
とじ目を下にしてフラ
イパンに並べる。ふた
をして強火で30秒温め、
火を止めて15分おき、
片面7分ずつ焼く

豚汁

材料(4人分)

豚バラ薄切り肉 … 100g
にんじん … ½本
じゃがいも … 1個
こんにゃく … ½枚
厚揚げ … 1枚
みそ … 大さじ2
ねり白ごま … 大さじ1
水 … 約500g
ねぎ(小口切り) … 適量
七味とうがらし … 適量
ごま油 … 適量

1 なべにごま油を入れて熱し、
それぞれ食べやすく切った
豚肉、にんじん、じゃがい
も、こんにゃく、厚揚げを
いためる。

2 材料が隠れるくらいの水を
加える。

3 煮立ったら弱火にし、野菜
に火が通るまでアクをとり
ながら煮る。

4 みそとねりごまをとかし入
れ、器に盛り、ねぎを散ら
して七味とうがらしを振る。

ごはんあんパン

材料（8個分）

生地
左ページのごはんパンの生地
　…200g

あん（市販）…30g/1個

with these!

|| *maiko's point!!* ||

指でギューッとすると
あんの詰まった
おいしいあんパンに

1 分割

生地の半量をとり出し、4等分する。

2 成形

切り口を上にして手で平らにならし、
あんをのせる。

3

生地を引っぱってのばしながらあん
を包む。合わせ目を指でつまんでと
じる。

4

とじ目を下にして天板（フライパン）
に並べ、指に打ち粉をして中央を深
くくぼませる。→フライパンは**6**へ

5 発酵

20分ほどおく。残りの生地も同様
にする。

6 焼く

 オーブントースター
予熱なし1200Wで10分

 オーブン
予熱あり180度で15分

 フライパン
ふたをして強火で30秒温め、
火を止めて15分おき、片面7
分ずつ焼く。

豆腐ちぎりパン
いか燻製サラダ添え

maiko's point!

小さな分割で
少したいへんだけど
そろうととても
かわいいので
ファイト！

材料（1個分）

A | 強力粉 … 200g
砂糖 … 14g
塩 … 3g
絹豆腐 … 130g

B | 豆乳 … 20g
インスタント
　ドライイースト
　… 2g

豆腐生地

with these

基本の生地（p.13〜16）と同様に
生地を作る（油脂は入れない）

1 分割

生地の全量をはかり、16
等分する際の1個分の分量
を出す（この場合22gくらい）。

2 成形

この方法なら
少ないカットの
回数で大きさが
そろいます

生地がWの形になるように
カードで切り込みを入れ、
棒状にのばす。

3

生地を22gずつはかり、16
等分する。

4

バンズパン（p.51）と同様
に丸く成形する。

5 発酵

直径20cmのフライパンに
表面加工してあるアルミホ
イルを敷き、生地16個を敷
き詰める。

6 焼く

 フライパン
ふたをして強火で30
秒温め、火を止めて
20分おき、片面7分ず
つ焼く。

いか燻製サラダ

材料（4人分）

いかの燻製 … 60g
セロリ（薄切り）… 1本
貝割れ大根 … 1パック
サニーレタス（ちぎる）… 5枚
油 … 適量

1 大きめのボウルにすべて
の材料を入れ、しっかり
あえて冷蔵庫で一晩冷や
す。

おやき豆腐パン

チーズと和素材の
コンビが絶妙の
絶品おやき!

材料（8個分）

A | 強力粉 … 200g
絹豆腐 … 130g
砂糖 … 14g
塩 … 3g

B | 豆乳 … 20g
インスタントドライ
イースト … 2g

C | クリームチーズ
… ½個（約10g）/1個
万能ねぎ（小口切り） … 大さじ1
削り節 … 小さじ1
しょうゆ … 小さじ1
いり白ごま … 適量

with these

基本の生地（p.13〜16）と同様に生地を作る（油脂は入れない）

ごまがつき
にくいときは
生地の表面を
少し水で
湿らせて

1 分割

生地の半量をとり出し、4等分する。

2 成形

切り口を上にして手で平らにし、ま
ぜ合わせたCを中央にのせる。

3

生地を引っぱってのばしながら具材
を包む。

4

合わせ目をつまみ、ごまを入れた皿
の中で転がして白ごまをまぶす。

5 発酵

フライパンに並べ、ふたをして強火
で30秒温め、火を止めて15分おく。

6 焼く

フライパン
仕上げ発酵後、ふたをして片面
7分ずつ焼く。

教えて
麻衣子先生

お店みたいに焼く裏技は?

知っておくと得する材料

by cotta

慣れてきたら、油脂やシートをアレンジしたり、
トッピングやインするものを変えてみたりするのもおすすめ。
ワンランク上のパンが作れますよ!
ここでは、cottaの通販サイトで買える材料を紹介します。

※価格は2020年8月現在のものです。

パン作りの材料がす
ぐ手に入る、人気の
通販サイトcotta
https://recipe.co
tta.jp/

▶ 油脂 ◀

バターミルクパウダー

良質な牛乳を原料にしたバターミルクを濃縮乾燥させたパウダー。パンに加えるとふんわりやわらかに。焼き上がりも香りも◎。保存性が高いこと、場所をとらないことも魅力。試す価値あり! 100g 454円(税込み)

ソイレブール(豆乳バター)

牛乳が原料のバターに比べ、あっさりとしています。クセがなくて使いやすいです。牛乳アレルギーのあるかたも安心して使えます。500g 680円(税込み)

▶ シート ◀

冷凍バターシート

北海道産バターを使用した風味豊かなバターシートです。生地に折り込んで使うとふんわりデニッシュパンに。600g 787円(税込み)

冷凍パイシート

本書のデニッシュ生地に使用していて、手軽に本格的なデニッシュパンができます。スーパーでも売っていますが、香りが気になるものも。製菓材料店であれば安く良品が手に入ります。30枚入り1831円(税込み)

冷凍マーブルシートチョコ

パン生地といっしょに使うと手軽に本格的なマーブルチョコパンができます。ねじったりあんだりさまざまな成形が楽しめます。ぜひ試してみて。600g 604円(税込み)

▶ 焼き色UP ◀

モラセス

砂糖きびの汁を煮詰めて、精製した糖蜜。ベーグルをゆでる際に使うと格別の仕上がりに。また黒糖のかわりに、黒糖パンを作る際に使えます。355ml 1037円(税込み)

液体モルト

麦芽と酵素が含まれています。食パン、フランスパンを作るときに使います。焼き色がつき、粉の味が引き立ちます。本書ではかわりに液体塩麹を使って同じ効果を狙っています。1kg 1966円(税込み)

トッピング

ピスタチオナッツ（ダイス）

デニッシュや甘いパンにのせるだけで、とてもかわいい仕上がりに。ナッツ類は冷凍できるので便利です。100g 953円（税込み）

けしの実

あんパンや自家製酵母パンの表面にまぶすだけで、見た目がぐんと本格的になります。かさばるものではないので、冷凍庫に入れておくと便利。100g 367円（税込み）

コーングリッツ

丸パンの表面にまぶすとイングリッシュマフィンに。余ったらピザをのばす際に使ったり、少し手間はかかりますが炊いて生地に入れたりしてもおいしい。250g 319円（税込み）

Maiko's Point!

私はこれが大好き！（笑）

インするもの

冷凍かのこ豆大納言

ふっくらと炊き上げた粒ぞろいの大納言で上品な甘みが特徴。切りっぱなしパンに入れたり、シナモンロールなどに巻いたりして使ってみて。500g 1224円（税込み）

粒ジャム

パン生地にねり込んで焼くと、とけてジャム状に。切りっぱなしパンにまぜれば、それだけでおやつパンの完成です。いろいろな味があるのでお好みのものを見つけてみて！ 粒はちみつもあります。200g 423円（税込み）

バトンショコラ

焼き込み用のチョコレート。巻き込みやすいよう棒状になっていて、焼いてもとけません。チョコクロワッサンに使うと最高の仕上がりに！ 本書ではスーパーで手に入る板チョコレートを使っています。150g 515円（税込み）

いちごパウダー

フリーズドライパウダーでおいしさがぎゅっとつまっています。生地にまぜると、かわいいピンクでよい香りのパンになります。ひな祭りなどのイベントにも◎。30g 435円（税込み）

ラズベリーピュレ（冷凍）

すっきりした酸味と鮮やかな色。パン生地に加えると、きれいな色でよい香りのパンに。250g 932円（税込み）

教えて
麻衣子先生

Q <u>市販品を使って</u>
<u>アレンジしたい</u>

A カステラをパンでサンドすれば
ダブルの食感が楽しめます!

市販品をアレンジ!

カステラパン

‖ maiko's point! ‖

カステラは甘みを
出したいときに
おすすめです。
好みのジャムを
サンドするだけ!

材料（1個分）

生地
生クリーム食パン生地(p.107参照)
… 半量

カステラ(市販) … 2切れ
好みのジャム… 適量
（ここではブルーベリージャム）

---

1 成形

発酵させた生地の半量を4等分の切り込みを入れて焼く。

2 焼く

 オーブントースター
予熱なし1200Wで7分

 オーブン
予熱あり180度で15分

3

焼き上がった生地を上下に切る。

4

‖ Maiko's Point! ‖

**ラップに
くるんでおくと
パンもしっとりします**

下の生地にジャム、カステラを順にのせ、上の生地をのせる。

‖ Maiko's Point! ‖

**基本の生地(p.13〜16)、
甘生地(p.46〜47)でも
おいしい！**

教えて
麻衣子先生

Q 急に子どものおやつが必要に……

A 一口ようかんをレンジでとかせば とろとろのあん仕立てにできます！

maiko's point!

上にかけたようかんは
さわっても手に
つかないよ！

市販品をプラス！

ようかんパン

材料（8個分）

丸パン（p.31参照）
… 8個

一口ようかん … 50g
水 … 5g
ホイップクリーム（市販）… 適量

with these

---

1 ボウルに水とようかんを入れ、電子レンジ（500W）で5秒ほど、様子を見ながら2回加熱する。

2 丸パンに**1**をかけ、あんが固まるまでおく。

3 中央に縦に切り込みを入れ、ホイップクリームをはさむ。

Q 手軽に濃厚でリッチな風味にできる？

A 牛乳のかわりにアイスクリームを使えば本格スイーツパンになります！

∥ Maiko's Point! ∥

脂肪分の多い高級＆濃厚なアイスのほうがふんわりパンになります

市販品をプラス！

フライパンで アイスクリームパン

with these

材料（6個分）

強力粉 … 100g 塩 … 1g	カップアイスクリーム（バニラ、チョコレート、ストロベリー・室温でとかす）… 各50g	水 … 20g インスタント ドライイースト … 1g

---

1 【成形】

基本の生地（p.13〜16）と同様に材料をまぜ、3種の生地を作る（バニラ、チョコレート、ストロベリー）。

2

それぞれ2等分し、切り口を上にして手前から奥に向かって半分に折る。

3

とじ目を指でつまみ楕円形にととのえる。

4 【焼く】 （p.18参照）

 フライパン

ふたをして強火で30秒温め、火を止めて15分おいて、片面7分ずつ焼く。

焼き上がったらアイス用スティックを刺し、チョコ味にはとかしたチョコ（分量外）をかける。

教えて
麻衣子先生

Q <u>パンが少し残っちゃった</u>

A ホテルみたいな朝食に
アレンジしてみて！

残りパンをリメイク！

フレンチトースト

材料（作りやすい分量）

好みのパン … 適量
牛乳 … 100g
卵 … 1個
砂糖 … 30g

1 ボウルに牛乳と卵を入れてまぜ、パンを入れてしみ込ませる。

2 砂糖を振りながら、フライパンで両面をこんがり焼く。

Q パンが少し残っちゃった

A 保存のきく作りおきにして お茶請けやプレゼントに!

残りパンをリメイク!

チョコラスク

材料(作りやすい分量)

切りっぱなしパン … 6個
板チョコレート(刻む) … 1枚

ココアパウダー … 3g
牛乳(または生クリーム)
… 50g

1
パンは一口大に切る。

2

ボウルにチョコ、ココア
パウダー、牛乳を入れ、
電子レンジ(500W)で
加熱してとかす(へらで
跡をつけたら戻らないくら
いのやわらかさにする)。

3

2にパンを加えてよ
くまぜ、パンにチョ
コを吸わせる。

4

オーブンシートを敷
いた天板にのせ、
150度に予熱したオ
ーブンで40〜50分
焼く。あら熱がとれ
るまでオーブンの中
にそのままおく。

Q チョコたっぷりのパンが食べたい

A 板チョコを包んで焼くだけでできます！

製菓用でなくてOK

チョコパン

‖ Maiko's Point! ‖

市販の
ミニチョコが便利
チョコの量は
お好みで調整して

材料（4個分）

生地
甘生地（p.46〜47参照）… 半量

板チョコレート … 2かけ/1個

チョコはたっぷり
ふやしてOK。
固形だから
包みやすい

---

1 分割

甘生地を4等分する。

2 成形

生地の中央にチョコレートをのせ、周辺をつまんで丸く成形する。

3

合わせ目を指でつまむ。→フライパンは**5**へ

4 発酵

生地を天板に並べて20分おく。

5 焼く （p.18参照）

 オーブントースター
予熱なし1200Wで7分

 オーブン
予熱あり180度で15分

フライパン
ふたをして強火で30秒温め、火を止めて15分おき、片面7分ずつ焼く。

Part 5

パン作りに慣れてきたら

もっと
自由に

おうちパン
チャレンジ 10

パウンドケーキ型で作るかわいい山型食パン

基本の食パン

|| maiko's point! ||
こねればこねるほど
ふわっふわに

|| maiko's point! ||
朝ごはんに出すと
喜ばれます！

材料（8×18×高さ6cmのパウンドケーキ型1台分）

A | 強力粉 … 200g
　 | 塩 … 3g
　 | 砂糖 … 14g

B | 牛乳 … 70g
　 | 水 … 70g
　 | ドライイースト … 3g

C | バター … 20g

with these

1

基本の生地（p.13～16）の要領で、上記の配合で生地を作る。

2

冷蔵庫から生地をとり出し、スケールではかって4等分する。

3

打ち粉（分量外）をした台にのせ、切り口を上にして手前から奥に半分に折る。90度回転させ、さらに半分に折る。これを3回くり返す。

4

合わせ目を指でつまみ、とじ目を下にしてパウンドケーキ型に詰める。

約1時間
（季節で異なる）

5

発酵

シャワーキャップなどでカバーし、型から生地の頭が出るまで発酵させる。

6

焼く

  オーブン
予熱あり180度で30分

Item!

食パンに便利な
パウンドケーキ型

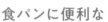

パウンドケーキ型
スリムパウンド型（小）
テフロンセレクト・18cm（貝印）

金属製食パン型の例
松永製作所

本格的な食パンを焼くときは食パン型を使いますが、パウンドケーキ型でもうまく焼くことができます。初心者にはフッ素樹脂加工のものが、生地がくっつきにくくておすすめ。金属製を使う場合は、オーブンシートを敷いて焼きましょう。

発酵力の強い生地をまぜて焼く上級者向けパン

中種食パン
（なかだね）

‖ maiko's point! ‖
リピ率高し！

‖ maiko's point! ‖
中種の発酵により
ふっくら食感が
つづきます！

材料（8×18×高さ6cmのパウンドケーキ型1台分）

（1日目 中種）	（2日目 本ごね生地）				
強力粉 … 100g	A	強力粉 … 100g	中種生地	B	牛乳 … 70g
水 … 70g		塩 … 3g	（作り方は		インスタントドライ
インスタントドライ		砂糖 … 14g	下記参照）		イースト … 1g
イースト … 1g				C	バター … 20g

with these

1日目 中種生地を作る

1

水にイーストを振り入れてとかす。

2

ボウルに強力粉を入れて**1**を加え、ゴムべらで均一になるまでよくまぜる。

3

保存容器の内側とふたに油を塗り、生地を入れる。

4 （発酵）

ふたをして冷蔵庫に入れ、8時間以上ねかせる。

|| maiko's point! ||

基本の食パンと材料は同じなのにひと手間加えるだけでふわっふわに

2日目 本ごね

1

牛乳にイーストを振り入れてとかす。

2

ボウルに強力粉、砂糖、塩を入れ、ゴムべらで均一になるまでよくまぜる。

3

中種生地をちぎって加える。

4

1の牛乳液を加え、ゴムべらでよくまぜてひとつにまとめ、材料が均一になるように手でこねる。

5

生地を半分に折ってグーパンチする。左手でボウルを回しながら、これをくり返す。

6

バターを加え、生地をにぎるようにしてしっかりなじませる。

7 発酵

薄く油を塗った保存容器に入れ、室温で1時間以上ねかせる。

8

発酵後は、生地が倍以上の大きさになっていればOK。

9 成形

生地をスケールではかり、4等分する。

10

切り口を上にし、手前と奥を折って重ねる。残り3個も同様に。

11

めん棒で12cm長さにのばす。

12

手前と奥を折って重ねる。

13

生地を90度回転させて、奥から手前に半分に折り、合わせ目を指でつまむ。残り3個も同様に。

14

とじ目を下にしてパウンドケーキ型に4つ詰める。

15 発酵

シャワーキャップなどでカバーし、型から生地の頭が少し出るまで発酵させる（写真は発酵した状態）。

16 焼く

 オーブン
予熱あり180度で30分

生クリームを加えて焼きます

生クリーム食パン

濃厚な
味わいに
なります!

‖ maiko's point! ‖

ふわふわ!
そのまま食べても
トーストしても!
高級食パンの味

材料（8×18×高さ6cmのパウンドケーキ型1台分）

A | 強力粉 … 150g
薄力粉 … 50g
塩 … 3g
砂糖 … 25g

B | 水 … 100g
生クリーム … 40g
インスタントドライ
イースト … 3g
C | バター … 20g

with these

1

基本の生地（p.13〜16）の要領で、上記の配合で生地を作る。

2 成形
めん棒で横幅が少し長めの長方形にのばす。

3

手前からクルクル巻いて、とじ目を押さえる。

4

1cmを残してカードで切り込みを入れて逆V字形にし、端をねじって形をととのえ、パウンドケーキ型に入れる。

5 発酵

シャワーキャップなどでカバーをし、型から生地の頭が少し出るまで発酵させる。

6 焼く

 オーブン
予熱あり180度で30分

基本生地のベーグル2種と豆腐生地アレンジ

ベーグル

生地をゆでることで
かみごたえのある
パンになります!

つるんと焼き上げる
自信のない人は
チーズベーグルが
おすすめです

材料（5個分）

A | 強力粉 … 200g
  | 塩 … 3g
  | 砂糖 … 14g

B | 牛乳 … 60g
  | 水 … 50g
  | インスタント
  | ドライイースト … 2g

with these

1 発酵

基本の生地（p.13〜16）の要領で、上記の配合で生地を作り、シャワーキャップなどでカバーをして10〜15分おく。

‖ maiko's point! ‖

ベーグルは水分が少なめの生地なのでこねていてかたい場合は途中で10〜15分ねかせてください

2 成形

生地をカードで5等分する。

4

ボウルなどでふたをして5分おく。

3

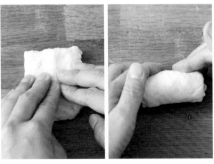

切り口を上にして手で平らにし、手前から奥に向かって転がしながら巻く。

5

とじ目を上にして手で平らにし、**3**と同様に巻く。

でんぷんと水を合わせて加熱すると糊化（α化）をし、かみごたえのある生地に仕上がります

生地をゆでるときにはちみつを入れるのは表面をコーティングするためです

6 成形

両手を重ね、力を入れて生地を手前から奥に転がして棒状にのばす。戻すときは力を抜く。

9

1.5ℓの熱湯にはちみつ大さじ2（分量外）を加え、**8**をとじ目を上にして入れ、片面1分ずつゆでる。

7

片方の端を押して2cm厚さに平らにのばす。もう片側の端を重ねて包み込み、円形に整える。

10

フライパンは**11**へ
アルミシートを敷いた天板にのせる。

8 発酵

薄く油を塗った保存容器に入れてふたをし、冷蔵庫で8時間以上おく。

11 焼く

オーブントースター
予熱なし1200Wで15分

オーブン
予熱あり200度で20分

フライパン
ふたをして強火で30秒温め、火を止めて15分おき、片面7分ずつ焼く。

くるみのベーグル

材料(5個分)

p.109の生地 … 全量
くるみ … 適量

1 生地にくるみを加え、カードで2等分して重ね、さらに2等分して重ねる。これを数回くり返してミルフィーユ状にする(p.22参照)。

2 全体にくるみがまざったら、グーパンチをして生地をひとつにまとめる。

3 シャワーキャップなどでカバーをして10〜12分おき、p.109〜110の工程2〜11に進む。

チーズベーグル

材料(5個分)

p.109の生地 … 全量
ピザ用チーズ … 10g/1個
あらびき黒こしょう … 少々

p.109〜110の工程1〜9の要領で生地を作り、チーズを散らしてこしょうを振り、工程10、11と同様に焼く。

豆腐の甘みが味わえます

豆腐ベーグル

‖ Maiko's Point! ‖

お豆腐たっぷりの
ヘルシーベーグル

材料（5個分）

A | 強力粉 … 200g
　 | 塩 … 3g
　 | 砂糖 … 14g

B | 絹豆腐 … 200g
　 | インスタント
　 | 　ドライイースト … 2g

with these

1

豆腐にイーストを振り、スプーンで
つぶしてなじませる。

2

ボウルに**A**を入れてゴムべらでまぜ、
1を加える。

3

材料が均一にまざるように手でまと
め、p.109〜110の工程**2〜11**に進
む。

maiko's point!

仕込み水を使わず
豆腐にイーストを
振るだけ！

Q アウトドアでも
パンを焼いてみたい

A ベランダやお庭でホットプレート、
キャンプ場でコンロにふたつきフライパンを使って

お外で焼こう！

うず巻きパン

形が簡単な
ものがベスト

材料（8個分）

生地
基本の生地（p.13〜16参照）… 半量

ベーコン … 2枚
ピザ用チーズ … 30g

with these

1

基本の生地の半量を、めん棒で15〜16cm長さにのばす。

2

生地の手前2/3くらいに10cm長さに切ったベーコンをのせ、チーズを散らす。

3

手前からクルクル巻いて、合わせ目を指でつまむ。

4

8等分の輪切りにする。

5 発酵

そのまま15分おく。

6 焼く

ホットプレートでふたをして片面7分ずつ焼く。

Item!

アウトドアで
パン生地の持ち運びは?

ポリ袋が便利!

食品用ポリ袋に油を入れ、よくもんで袋の内側に油がつくようになじませる。一晩ねかせた生地を入れ、空気を抜いて結ぶ。

● 持ち運びする際には必ず保冷剤を使って。

パン作りに慣れてきたらトライ!

自家製酵母液を作ってみよう

‖ maiko's point! ‖

今回ご紹介するのは
干しぶどうで作る酵母液ですが、
材料はりんごの皮と芯でもOK。
私は果物や野菜の皮を使い、
容器もペットボトルを使っているので
麻衣子流に「ケチケチ酵母」という
名前にしています。
気軽に試してみたくなるでしょう?
やってみると、酵母を育てるのって
毎日変化して
楽しいから、ハマる人が多いんです

材料（作りやすい分量）

水 … 適量
干しぶどう（またはりんごの皮と芯）… ペットボトルの¼量

炭酸飲料が入っていたかためのペットボトルに干しぶどうを入れ、水を⅔くらいの高さまで入れる。

1日2回ほど、ふたを少し開けて空気を入れかえ、ふたをしてシャカシャカ振る。

3日目の状態。写真のように具が浮いてくる。容器の底に白いおりがあり、ふたを開けるとシュワーッと泡が吹き出す。酵母が元気で、酵母液として使える状態。

ふたをして室温におく。

2日目の状態。水面に小さな泡が出てくる。

自家製酵母液を
作るポイント

自家製酵母液の使い方

自家製酵母液のことを「液種（えきだね）」と呼び、仕込み水に使います。
液種と水（牛乳）を1:1もしくは1:2の割合で使いましょう。

「ちょい足し酵母」の使い方とは？

ここで紹介するのは、失敗の少ない、自家製酵母液とドライイースト併用のパンです。私はこの2つを合わせたものを「ちょい足し酵母」と呼んでいます。イーストはふくらませる役目、酵母は風味をよくする役目を担ってもらいます。使う果物の皮と芯により風味も変わります。調味料をちょい足しするように、酵母液をちょい足しして、さらにおいしいパンを焼きましょう。

最適な発酵温度は？

酵母をふやすには30度前後が適温。夏場は暑すぎてカビやすいので、涼しい場所で管理してください。20度くらいの場所なら5日ほどで完成。冬場は少し手助けが必要。温度が少し高い電気ポットのそばや冷蔵庫の上においたりするとよいでしょう。ヨーグルトメーカーで一定の温度（27度）に保つと、安定して酵母をふやせます。

保存法

環境や使う材料にもよりますが、早くて3日、だいたい5日ほどで完成します。できれば一度こして、液体だけをペットボトルに戻して冷蔵保存を。約1カ月間使うことができます。冷蔵していても酵母は生きているので、1日1回はふたを開けてください。冷凍しても大丈夫。製氷皿に流し入れて固め、使うときに仕入れ水に入れてとかせばOKです。

ハードルの高いフランスパンも風味豊かに

自家製酵母の
フランスパン

‖ maiko's point! ‖

自家製酵母液と塩麹の
意外な組み合わせが
プロの味を生みます

材料（3本分）

A | 強力粉 … 150g
 | 薄力粉 … 50g
 | 砂糖 … 10g

B | 液体塩麹※ … 20g
 | 液種、水 … 各60g
 | （液種がない場合は水を120gにする）
 | インスタントドライイースト … 2g

with these

※液体塩麹はハナマルキのものを使用。塩分濃度は12％。ほかのものを使うときは塩分量の計算を。

ボウルに水、液種、イーストを順に入れ、イーストをとかす。

maiko's point!

リスドォルなどのフランスパン専用の粉を使うと本格的な仕上がりになります

2に**3**を加えてゴムべらでまぜ、手でひとつにまとめて保存容器に入れる。

ボウルに**A**を入れ、均一になるまでゴムべらでよくまぜる。

5 発酵 | 保存容器のふたをし、冷蔵庫で8時間以上おく。

1の仕込み水に液体塩麹を加えてまぜる。

発酵後の生地に打ち粉（分量外）をする。

7 分割

生地をとり出し、横に3等分する。

8 成形

生地の裏面を上にして、奥、手前の順に中央に押し込むように折る。

9

合わせ目を手前にし、両指でしっかり押す。

10

とじ目を指でつまむ。

11 発酵

天板に並べて15〜20分おく。

12

生地の中央に縦に5mm深さのクープ（切り目）を入れ、霧吹きで水を3回かける。

> クープは生地の水分をうまくとばして軽く焼き上げるための切り目です
>
> maiko's point!

13 焼く

 オーブン
予熱あり200度で15分

 オーブントースター
1200Wで12分

Hint!

液体塩麹について

液体塩麹は、粉を酵素分解してうまみを引き出すほか、モルトの代用としてパンに焼き色とツヤを出します。仕込み水に入れるのはイーストがとけてから。液体タイプではない塩麹を使う場合は、仕込み水の分量をふやして。また、塩麹を入れると酵素分解が進むので、冷蔵庫で発酵したらできるだけ早めに焼きましょう。

主役度MAX！　ちぎって食べても

自家製酵母の
シナモンねじねじパン

maiko's point!

米粉を入れると
軽い仕上がりに
なります！

材料（2本分）

A | 強力粉 … 180g
米粉 … 20g
砂糖 … 30g

B | 液体塩麹 … 20g
液種、水 … 各20g
牛乳 … 80g
ドライイースト … 2g

シナモンシュガー … 適量
バター … 適量

with these

1

p.120の工程**1〜6**の要領で、上記の配合で生地を作る。

2 分割　成形

生地の半量をとり出し、切り口を上にしてめん棒で30cm弱の長さにのばす。

3

横向きにし、中央にシナモンシュガーを振り、手前に細く切ったバターをのせる。

4

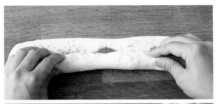

手前から巻いてロール状にし、左右の端を逆方向に回転させてねじる。残りの生地も同様にする。

5 発酵

逆Sの字になるように生地を曲げ、天板にのせて15〜20分おく。

6 焼く

 オーブントースター
予熱なし1200Wで15分

 オーブン
予熱あり200度で15分

123

ドライフルーツとくるみの王道パン！

自家製酵母の
いちじく&くるみの田舎パン

Maiko's Point!

同じ生地を使って
2種類のパンを
作れます！

朝食に最高! 食物繊維たっぷり

自家製酵母の
グラノーラ入りパン

材料（田舎パン2個とグラノーラパン3個分）

A		B			
強力粉 … 170g		液体塩麹 … 20g		いちじく … 40g	
全粒粉 … 30g		液種、水 … 各60g		ローストくるみ … 40g	
砂糖 … 10g		（液種がない場合水を120gに）			
		ドライイースト … 2g			

with these!

2種のパン生地を作る

1

p.120の工程1〜4の要領で、生地をひとつにまとめる。

2

あらみじんに切ったくるみといちじくを加え、カードで2等分して重ねる。これをくり返し、生地にくるみといちじくをなじませる（p.22参照）。

3
生地をひとつにまとめて保存容器に入れ、ふたをして冷蔵庫で8時間以上おく。

4

生地が1.5〜2倍の大きさになればOK。

いちじく＆くるみの田舎パン

5
成形

生地の半量をとり出す。

6

上下を返し、手前と奥を中心に向かって折る。

7

さらに生地を手前から奥に向かって半分に折り、生地の手前側がピンと張るように奥に巻き込む。

8
発酵

合わせ目を指でつまみ、とじ目を下にして天板にのせ、15〜20分おく。

9

ナイフで横に数本、5mm深さのクープを入れる。残りも同様にする。

10
焼く

 オーブントースター
予熱なし1200Wで20分。
焦げやすいので、途中でアルミホイルをかぶせる。

 オーブン
予熱あり200度で20分